# Wege in die Weihnacht

Erzählt von Elisabeth Heck
mit Bildern von Ruth Kerner

Lahn-Verlag, Limburg – Kevelaer

# *Inhalt*

Sandra und das Weihnachtslicht .................. 7

Das Lied des Engels .............................. 13

Ein Geschenk für das Christkind .................. 17

Laura möchte Weihnachten feiern .................. 19

Andreas findet das Christkind ..................... 23

Der krumme Christbaum ............................ 28

Der dunkle Engel .................................. 35

Die Weihnachtslaterne ............................. 39

Blacky ............................................ 41

Manuel und der Nikolaus ........................... 48

Christrosen ....................................... 53

Weihnachten allein? ............................... 58

Großvaters Weihnachtswunsch ....................... 63

# Sandra und das Weihnachtslicht

»Schicke die Männer jetzt fort!« drängt Sandra und zupft ihre Mutter am Ärmel.
Die Wirtin im Gasthof »Zum Ochsen« hat heute noch weniger Zeit für ihr Kind als an anderen Tagen. Die Männer sind an diesem 24. Dezember ungeduldiger als sonst. Sie leeren hastig ihre Gläser und wollen sie sofort wieder gefüllt haben. Sie erhitzen sich beim Kartenspiel. Hin und wieder schlägt eine Faust auf den Tisch, dass die Gläser klirren.
An der Theke wartet Bert mit dem leeren Glas. Er hat Sandras Worte gehört. Sein Gesicht ist rot. Er hat schon zu viel getrunken. Jetzt fährt er auf: »Fortschicken, immer fortschicken!« Die Mutter schiebt Sandra zur Tür hinaus in den Gang und schimpft: »Du weißt, dass ich dich in der Wirtschaft nicht sehen will. Du sollst oben in der Wohnung bleiben und auf mich warten.«
»Du hast gesagt, wenn es dunkel wird, schickst du die Männer fort. Und jetzt dunkelt es. Es dunkelt. Es dunkelt!« ruft Sandra laut im Treppenhaus. Aber die Mutter achtet nicht darauf.
Heiliger Abend. Sandra steht allein am Fenster der Wohnung. Sie blickt hinaus. Unten im Tal flammen

immer mehr Lichter auf – wie Kerzen an einem riesigen Christbaum, der immer strahlender wird.

Unten in der Gaststube sieht es nicht nach Weihnachten aus. Nur mit Mühe bringt die Wirtin die Männer aus dem Haus. Sie scheinen den Zettel an der Tür mit Absicht zu übersehen: Am 24. Dezember ab 17 Uhr geschlossen. Ein Tannenzweig hängt darüber und erinnert schüchtern an Weihnachten. Bert will davon nichts wissen. Er bleibt hartnäckig sitzen.

Sandra sieht durchs Fenster, wie die Männer unten auseinander gehen. Einer stolpert und flucht. Ein anderer grölt: »Stille Nacht, Heilige Nacht …« und wankt dabei hin und her. Sandra kennt das Lied. Sie hat es in der Schule gelernt.

»Sie sind gegangen. Jetzt können wir Weihnachten feiern!« jubelt sie und wagt sich wieder hinunter in die Wirtschaft. Noch immer sitzt Bert am Tisch und stiert ins leere Glas. Die Wirtin versucht ihn aufzurütteln. Sie droht ihm mit der Polizei. Es nützt nichts.

»Warum geht der Mann nicht weg? Hat er daheim keinen Christbaum?« fragt Sandra. Bert zuckt zusammen und lässt den Kopf auf den Tisch sinken.

Die Wirtin nimmt das Kind an der Hand: »Gehen wir essen! Es ist Zeit für deine Weihnacht.«

Unter dem Christbaum kommt keine rechte Weihnachtsfreude auf. Sandra hat die neue Puppe bewundert, ihr die Kleider ausgezogen, wieder angezogen und sie in den Sessel gesetzt. Dann liest sie der Mutter aus dem neuen Buch vor. Nach zwei Zeilen blickt sie auf und fragt: »Was tut der Mann unten in der Wirtschaft?«

»Er schläft seinen Rausch aus«, gibt die Mutter zur Antwort.

»Dann hat er ja nichts von Weihnachten.«

»Pah, der will doch nichts von Weihnachten wissen.«

Sandra liest wieder ein paar Zeilen, dann fragt sie: »Hat er denn keine Frau?«

»Sie ist von ihm weggegangen. Klar! So ein Trinker, wie der ist!«

»Hat er kein Kind?«

»Es ist im Kinderheim. Er hat ihm bestimmt nicht einmal ein Weihnachtsgeschenk gekauft. Da er doch seinen ganzen Lohn vertrinkt!«

»Warum füllst du ihm denn immer wieder das Glas?«

Die Mutter schweigt. Die Kerzen sind beinahe niedergebrannt. Sie flackern und werfen Schatten an die Wände und an die Decke.

Sandra erwacht in der Morgenfrühe. Es ist noch dunkel und sehr still. Ist wohl der Mann noch immer unten in der Wirtschaft? Sie schlüpft aus dem Bett und öffnet leise die Tür zur Stube. Da steht der Christbaum im ersten schwachen Licht des Morgens. Es gelingt Sandra, die dicke Kerze bei der Krippe zu entzünden. Sie trägt sie im Ständer vorsichtig in den Gang hinaus, die Stiege hinunter. Vor der Tür zur Gaststube lauscht sie und nickt: Der Mann ist noch drinnen und schläft jetzt. Sein Schnarchen ist sogar im Gang zu hören. Die Flamme der Kerze bebt.

Sandra drückt die Tür auf, stellt die Kerze auf den Tisch neben das leere Glas und huscht hinaus.

Hinter der halb offenen Tür beobachtet sie den Mann, der sich jetzt aufrichtet von der Bank, mit der Hand über die Stirne fährt und stöhnt. Dann erschrickt sie, denn er beginnt laut zu reden und schlägt sich dabei an den Kopf. Er sinkt in sich zusammen und schluchzt.

Sandra hastet die Stiege hinauf. Da steht die Mutter.

»Was tust du dort unten?« fragt sie streng.

»Er weint. Warum weint er?«

»Das kennt man!« sagt die Mutter ungerührt. »Er hat seinen Rausch ausgeschlafen. Vielleicht ist er jetzt vernünftig geworden. Ich möchte ihn endlich hinausbringen.« Doch so einfach ist das nicht. Jetzt, da die Kerze brennt. Das Weihnachtslicht von Sandra! Bert hat sich an sein eigenes Kind erinnert.

Die Wirtin macht ihm Vorwürfe: »Nicht einmal ein Weihnachtsgeschenk hast du ihm ins Kinderheim geschickt. So ein Vater!«

Bert klaubt seinen Geldbeutel aus der Jackentasche. Er überreicht ihn der Wirtin mit den Worten: »Nimm heraus, was du brauchst, um ein Geschenk zu kaufen. Ein schönes Geschenk für meine kleine Tochter! Sie soll wissen, dass sie einen Vater hat.«

»Zu spät«, sagt die Wirtin schroff, »die Läden sind heute alle geschlossen.« Bert stützt den Kopf in die Hände und blickt finster vor sich hin.

»Nicht einmal ein Weihnachtsgeschenk von seinem Vater!« beginnt die Wirtin von neuem.

PRIVAT
RK03

»Hör auf, mich zu quälen!« jammert Bert. Er steht schwerfällig auf.

Es ist mir klar, wohin er jetzt geht, überlegt die Wirtin. Nicht alle Wirtshäuser sind heute geschlossen. Er wird sich wieder betrinken.

»Die Puppe!« ruft Sandra. »Er muss die neue Puppe mitnehmen für sein Kind.« Sie verschwindet durch die Tür.

»Warte!« Die Wirtin nötigt Bert, sich nochmals zu setzen. »Etwas Warmes kann dir nicht schaden nach der vergangenen Nacht.«

»Du hast ein hübsches kleines Mädchen«, lobt Bert. Die Wirtin lächelt geschmeichelt. Sandra erscheint mit der Puppe im Arm.

»Wie heißt dein Kind?« will die Wirtin von Bert wissen.

»Sonja!« antwortet er versonnen. Der Schein der Kerze liegt auf seinem Gesicht.

Er ist nicht böse, aber traurig, denkt Sandra und singt leise: »Sonja und Sandra! Sonja und Sandra!« Sie läuft der Mutter entgegen. Diese trägt eine Tasse Kaffee herbei, stellt sie vor Bert hin und meint: »Du holst deine Sonja am besten gleich aus dem Kinderheim her zu uns. Ich werde mit der Heimleitung telefonieren.«

Bert fragt ungläubig: »Das wird wohl nicht dein Ernst sein?«

Sandra jubelt: »Dann zünden wir alle Kerzen am Christbaum nochmals an.«

# Das Lied des Engels

Es ist kalt da draußen in der Nacht auf dem Felde. Der kleine David haucht verstohlen in seine Hände. Die Finger sind ganz steif. Er aber möchte spielen auf seiner Flöte. Ihm scheint, alle Lieder wären schöner in der Nacht, irgendwie verzaubert, dann wenn die Sterne lauschen.
David darf heute zum ersten Mal mit dem Vater nachts bei den Herden wachen. Er sitzt inmitten der Hirten. »Frierst du?« fragt der Vater.
»Pah«, macht David großspurig. Trotzdem ist er froh um die Decke, die der Vater über ihn wirft. Sein liebstes Schaf drückt sich an ihn. Gerne wärmt er seine Finger in der weichen Wolle.
Zwei Hirten sprechen leise miteinander. David schnappt das Wort »König« auf und horcht. Er kann das Gespräch nicht verstehen. Aber sein Herz fängt wie wild zu pochen an. Es ist sein heimlichster Wunsch, den König einmal sehen zu dürfen. Wunderbar schön muss er sein. Gewiss sitzt er auf einem goldenen Thron, trägt eine funkelnde Krone und prächtige Gewänder. Einmal hat David geträumt, er stehe vor dem König und spiele ihm ein Lied auf der Flöte. Er hat diesen Traum dem Vater erzählt. Dieser aber ist fast böse geworden: »Träume mir nicht solch dummes Zeug! Die Könige wollen nichts mit armen Hirten zu tun haben.«

Die beiden Hirten sind verstummt. David aber muss immerzu an den König denken, von dem man nicht einmal träumen darf. Er hat die Augen geschlossen. Auf einmal schrickt er auf. Woher kommt dieses Licht? Das ist nicht der Schein des Feuers. Ist es schon heller Tag geworden? David springt auf die Füße.

»Der König, der König kommt«, jubelt er. Oder träumt er wieder? Er fährt sich über die Augen. Nein, David träumt keineswegs. Er sieht ja neben sich deutlich den Vater, der mit den Händen das Gesicht bedeckt. Auch sein Schaf ist da. Es zittert am ganzen Leib.

David fürchtet sich nicht. Er muss nur staunen. Was er sieht, das ist noch viel gewaltiger und wunderbarer als der König, von dem er träumte: Es ist ein Engel. David hört ihn sagen: »Fürchtet euch nicht! Ich verkünde euch eine große Freude. In Betlehem ist heute Nacht der Heiland geboren worden, der König des Himmels. Er kam als ein kleines Kind. Ihr könnt es sehen in der Krippe in einem Stall.«

Nun sind Himmel und Erde voll Licht und Engelsgesang, mitten in der Nacht.

»Auf, auf, nach Betlehem!« ruft einer der Hirten.

Sie eilen davon. David rennt ihnen nach. Da hört er hinter sich ein Glöcklein bimmeln. Sein Schaf ist ihm nachgesprungen.

Sie stehen vor dem Stall. Durch eine Ritze in der Wand dringt ein wenig Licht. Drinnen ist es ganz still. Die Männer wagen kaum zu atmen. Einer flüstert: »Dürfen wir wohl stören zu so später Stunde? Sicher

schläft der kleine Gottessohn.« Da blökt das Schaf fröhlich, fast ein wenig unverschämt, in die Stille. Und schon öffnet sich die Tür von innen. Josef leuchtet mit der Laterne heraus. Sein Gesicht ist zuerst ein wenig besorgt, dann aber hellt es sich auf. Josef hat verstanden: Das sind arme, einfache Leute. Man darf sie hereinlassen. Er tritt auf die Seite.

Das Schaf hüpft ungeduldig als Erstes hinein und drängt sich an die Krippe. David denkt: »Vielleicht friert das kleine Kind und mein Schaf kann es wärmen.« Er schaut es immer an, das Gotteskind, während der alte Hirte den Eltern von der Erscheinung des Engels berichtet.

»Sind wir die Ersten beim kleinen König?« wagt David Maria zu fragen. Sie blickt ihn lächelnd an und nickt.

Da ist kein Thron, nur eine Krippe. Da ist kein prächtiges Gewand, nur ein wenig Stroh und ein Tuch. Da ist keine Krone, nur ein Lichtschimmer. Und doch ist dieses Kind der Sohn des allerhöchsten Königs. Der Engel hat es gesagt.

Der alte Hirte schweigt. Leise zieht David seine Flöte hervor. Schüchtern fragt er: »Darf ich spielen?«

Wieder nickt Maria: »Ja, spiele ihm du das erste Wiegenlied!«

Seine Finger zittern. Ob er es noch kann? Da ist ihm, er höre von fern nochmals die Stimme des Engels. Jetzt wird sie zum Lied auf seiner Flöte. So schön hat David noch nie gespielt.

# Ein Geschenk für das Christkind

Im Warenhaus liegen in einer Schachtel Christbaumkugeln und Weihnachtsglocken. Das Papier knistert. Eine rote Kugel funkelt auf: »Ich brauche mehr Platz, denn ich bin geschaffen für einen mächtigen Baum in einem großen Saal.«
Ein Glöckchen drückt sich in die Ecke. Schüchtern sagt es: »Nur an einem ganz kleinen Baum möchte ich hängen, doch so, dass ich das Jesuskind in der Krippe gut sehen kann.«
»Du kleine Bimbel, du! An den hintersten Ast wird man dich hängen!« Wie sie funkelt, die rote Kugel! Sie stößt das Glöckchen noch mehr in die Ecke. Da – o weh – die Wand der Schachtel gibt nach und Bimbel purzelt hinaus. »Bim-bim«, klagt das Glöckchen. Es ist hinter den Verkaufstisch gefallen.
Unter dem Tisch ist es dunkel. »Niemand wird mich an ein Bäumchen hängen. Ich bin viel zu klein. Zudem bin ich jetzt staubig geworden und eine Beule habe ich auch«, seufzt Bimbel.
Es sieht die Füße der Leute, die Christbaumschmuck kaufen. Zuerst sind es viele, dann kommen immer weniger, zuletzt nur noch vier: zwei

mit großen und zwei mit kleinen Schuhen. Jetzt sind sie ganz nahe vor dem Tisch. Ein riesiger Besen fährt daher, packt Bimbel und schleudert es in eine Schaufel.

»Sieh doch das Glöckchen!« frohlockt ein Junge.

Die Frau nimmt Bimbel in die Hand und sagt: »Es hat eine Beule. Du darfst es behalten, Tobias. Doch jetzt müssen wir noch in der Schule putzen.« Tobias steckt das Glöckchen in seine Hosentasche. Wieder wird es dunkel um Bimbel.

»Alles ist schon für Weihnachten geschmückt!« ruft der Junge aus, als sie in die Schulhalle kommen. Bimbel äugt aus der Tasche. Wahrhaftig. Der große Baum ist prächtig geschmückt. Darunter steht die Krippe. Tobias kauert sich davor und denkt: »Das Jesuskind hat nichts: kein Spielzeug, nicht einmal ein richtiges Bett.«

Tobias zieht Bimbel, dann eine Schnur aus seiner Tasche heraus. Er bindet das Glöckchen einem Schaf um den Hals. Jetzt ist Bimbel dem Jesuskind ganz nah.

Über dem Dach des Stalles hängt die rote Kugel. Sie beugt sich neugierig über das Dach, sieht Bimbel und vergisst vor Staunen, sich am Ast festzuhalten.

Klirr, klirr – sie zerbricht am Boden in viele kleine Scherben.

# Laura möchte Weihnachten feiern

Über der Straße hängen viele Sterne.
Die Schaufenster sind festlich geschmückt.
»Mama, komm! Auch wir wollen Weihnachten feiern.«

»Aber Laura! Es ist noch viel zu früh.
Du weißt doch, ich gehe jetzt ins Adventskonzert.
Dein Bruder Felix wird gleich da sein.«
Wozu so lange warten? denkt Laura.
Sie geht ins Wohnzimmer.
Wieder sieht sie durchs Fenster die Sterne
über der Straße glänzen. Weihnachtssterne!
Laura sieht auch den Christbaum auf dem Balkon gegenüber, einen anderen vor dem Haus an der Ecke.
Sie reißt begeistert das Fenster auf.
Weihnachten!

Verschlossen im Schrank weiß Laura ein Geschenk
für sich versteckt. Sie findet den Schlüssel unter dem Teppich.
Und die erste Kerze auf dem Tisch soll brennen.
Heute!
Die Weihnachtskerze.

Die Mutter ist gegangen.
Bald wird Felix kommen.
Laura hat aus der Küche die Zündhölzer geholt.
Die Kerze brennt.
Laura hat das Geschenk im Schrank gefunden.
Es liegt neben der Kerze. Das Papier ist aufgerissen.
Ein Teddybär!
Sie schaut durchs offene Fenster,
wartet auf Felix.
Die Sterne über der Straße schwanken im Wind.
Der Christbaum an der Ecke ist umgefallen.
Und jetzt stürzt sich der Wind ins Zimmer herein:
»Alles rennt und hastet und hetzt.
So tanzt auch ihr, ihr Lichter der Weihnacht!
So hüpfe auch du, kleine Kerze!
Wer will schon warten und sie hören,
die alte Geschichte von der ersten Weihnacht?«

Die Kerze zuckt zusammen.
Sie wehrt sich: »Lass mich in Ruh!«
Aber schon hüpft die Flamme zum Geschenkpapier.
Laura schreit auf und läuft aus dem Zimmer.
Im Flur stößt sie mit Felix zusammen.
Gut, dass Felix da ist!
Er reißt die Kissen vom Sofa,
wirft sie über den Tisch und deckt alles zu:
die ganze Weihnacht von Laura.
Er atmet auf: »Wir haben Glück gehabt.«

RK03

Die Mutter kommt ins Zimmer herein.
Laura beginnt laut zu weinen.
Und dann – zündet die Mutter die Kerze
selbst noch einmal an.
Sie sagt: »Es ist eine Adventskerze.«
Und sie beginnt zu erzählen:
Von jener Zeit,
da die Menschen gewartet haben,
lange, lange, auf die erste Weihnacht.

# Andreas findet das Christkind

Sie sind auf dem Weg zur Weihnachtsmesse in der Kirche: Vater, Mutter und Andreas. Die beiden Kinder schauen ihnen durchs Fenster nach. Maria atmet auf: »Ich hatte schon Angst, dass Andreas hier bleibt. Heute fluchte er den ganzen Tag im Stall herum, schimpfte über die Weihnacht der Reichen und schlug auf den Esel ein. So ein Grobian …«

Josef unterbricht sie: »Wenn du Maria sein willst, darfst du nicht so von deinem großen Bruder reden.«

Maria wühlt eifrig in Mutters Truhe. Sie drängt: »Fangen wir mit unserem Weihnachtsspiel an! Wo ist das blaue Tuch? Maria trägt einen blauen Schleier, ich habe es in der Kirche gesehen.« Endlich! Sie zieht das Tuch voll Freude heraus. Aber die Nähschachtel fliegt mit: Nadeln, Faden und Wollknäuel liegen zerstreut herum. »O weh, bis ich das wieder eingeräumt habe, kommen die andern schon bald zurück.«

Josef geht in den Stall. Der Ochse hebt den Kopf und dreht ihn zu einer der Futterkrippen. Josef reinigt sie, schüttet frisches Stroh hinein und breitet ein Tuch darüber. Dann führt er den Esel an die Stelle, wo er

ihn haben will. »Ochs und Esel sind bereit. Es fehlt nur noch das Christkind«, ruft er.
»Und ich fehle auch«, meint Maria. Sie wirft sich das blaue Tuch über den Kopf, holt die kleine Schwester aus ihrem Bettchen und erscheint mit ihr in der Stalltür.
»Wie die richtige Maria siehst du aus«, sagt Josef bewundernd. Er hat sich Vaters Hirtenpellerine um die Schultern gelegt und das Licht der Stalllaterne auf sie gerichtet. Maria trägt das Baby zur Krippe. Da beginnt es zu schreien, durchdringend und immer lauter.
Maria wird ungeduldig: »Hör auf mit deinem Geheul!«
Josef kommt dazwischen: »Schämst du dich nicht, das Christkind so zu behandeln? Und du willst Maria sein!«
»Wenn es unser Spiel verdirbt?« Maria beginnt zu weinen. Josef eilt in die Küche, steigt auf einen Stuhl und langt nach dem Honigtopf auf dem obersten Regal. Der Krug rutscht ihm aus den Händen und liegt in Scherben auf dem Boden. Aber für Josef ist nur eines wichtig: Er steckt den Zipfel eines Tuches in den Honig und läuft in den Stall zurück. Eine gute Idee! Das Kind beruhigt sich.
Das Weihnachtsspiel kann beginnen:

Josef: Jesuskind, ich verstehe dich gut, wenn du heulst. Dir kann es ja nicht gefallen auf dieser lumpigen Welt.

Maria: Rede bitte nicht wie unser großer Bruder!

Josef: Jesuskind, du bist Besseres gewohnt. Du kommst schnurstracks aus dem Himmel und musst jetzt in der harten Krippe liegen. Die reichsten Eltern und alle Schätze der Erde wären dein, wenn du nur das Ärmchen ausstrecken wolltest. Ich weiß, aus Liebe bist du ein armes Kind geworden, eines wie wir.
Langohr, jetzt bist du dran …

Maria: Was fällt dir ein? Vor dem Esel komme ich.
Jesuskind, ich habe dich gern. Ich will gut aufpassen, dass dich der böse Herodes nicht erwischt.
Und jetzt kann Langohr reden.

Esel: (mit der Stimme des Josef)
Jesuskind, in der Heiligen Nacht wollen auch wir Tiere mit dir reden, denn du liebst auch sie. Ochs und Esel sind die Ersten, die dich in der Krippe anschauen dürfen.

Maria: Sag dem Christkind nur, wer dich so viel schlägt!

Josef: Jesus, nimm meinem großen Bruder Andreas die Peitsche aus der Hand! Du weißt ja, wie weh die Peitschenhiebe tun. Damals, als die Soldaten …

Maria schreit gellend auf. Sie wirft ihr Tuch weg und rennt aus dem Stall: »Es guckt einer zum Fenster herein, ich sah es ganz deutlich.«
»Ein Soldat des Herodes?«
»Herodes will das Christkind töten lassen.«

Josef trägt das Kind aus dem Stall und legt es in sein Bettchen: »Du musst dich nicht fürchten, wir sind nach Ägypten geflohen. Herodes findet dich nicht.«

Draußen steht Andreas, an die Wand des Stalles gelehnt. Vor der Kirche ist er umgekehrt. Er glaubt nicht an ein Christkind. Dann hat er das Licht im Stall gesehen, durchs Fenster geschaut und das Weihnachtsspiel angehört.

Die Eltern kommen heim. Das Schwesterchen schreit noch immer. Die Mutter wiegt es auf den Armen. Sie weiß, es geht eine böse Krankheit um. Kleine Kinder sterben. Andreas steht stumm und finster hinter der Mutter. Endlich sagt er: »Ich gehe den Arzt holen.«

Der Vater wendet ein: »Der Weg ist gefährlich. Geh morgen in der Früh!« Doch Andreas ist schon draußen.

Der Arzt kommt noch zur rechten Zeit: Die Kleine kann wieder gesund werden.

»Du hast unser Kind gerettet, ich danke dir«, sagt die Mutter.

Andreas dreht sich um und geht allein in den Stall. Da steht der Esel. Andreas presst sein Gesicht ins struppige Fell und weint.

# Der krumme Christbaum

Martin hatte den Heimeltern bis jetzt nie Schwierigkeiten bereitet. Ja, er schien viel verständiger und zufriedener als die anderen Kinder. Er murrte selten. Sie beachteten zu wenig, dass er sich mehr und mehr absonderte.

Früher machte er beim Fußballspielen eifrig mit. Das hörte plötzlich auf. Nie würden die Heimeltern von seinem letzten Spiel erfahren, denn Martin schwieg. Und jener andere Junge hatte erst recht Grund zu schweigen. Vielleicht hatte er seine gedankenlose Bemerkung gleich wieder vergessen, hatte sie wohl gar nicht so böse gemeint, musste ganz einfach seinem Ärger Luft machen, weil seine Mannschaft einige Male verlor. »Wenn der Krumme dabei ist, geht es natürlich immer krumm.«

Martin weigert sich auch, an Schulausflügen teilzunehmen. Der Heimleiter versucht zwar jedes Mal, ihn für die bevorstehende Reise zu begeistern. Ihn zu drängen, wagt er nicht. Martin ist behindert. Vielleicht ermüdet er schneller als andere? Was weiß der Lehrer!

Martin verschweigt auch dies: Er hatte sich wie die anderen Kinder froh und erwartungsvoll in die Eisenbahn gesetzt, aus dem Fenster geguckt und sich seine Haare vom lustigen Wind zerzausen lassen. Einmal drehte er sich um und sah gerade, wie seine Schulkameradin die Zunge herausstreckte gegen eine Frau, die neben ihm Platz genommen hatte. Dann tuschelte sie Martin ins Ohr: »Was braucht dich die Gans so blöde anzustarren, als wärest du wer weiß was für ein Weltwunder!«

Von diesem Tag an versucht Martin ängstlich, jedem fremden Menschen auszuweichen. Es gelingt ihm, sich um die gemeinsamen Spaziergänge herumzudrücken. Er erträgt die erstaunten, mitleidigen, neugierigen Blicke nicht länger. Er schämt sich auch vor den Kindern, die neu ins Heim kommen. Wie die ihn ansehen mit Augen, in denen er Verwunderung oder sogar Abneigung liest! Dass es so etwas gibt wie ihn!

Er wünscht sich immer mehr, allein zu sein. Allein! Sie sind ihm alle im Weg: die Gesunden, die Geradegewachsenen. Er hasst dieses Haus. Er hasst die Kinder. Sein Gesicht hat nach und nach einen finsteren Ausdruck bekommen. Er erfüllt wohl seine Pflichten gewissenhaft, aber verdrossen, freudlos und allzu schweigsam. Die Heimeltern sorgen sich um ihn: Martin soll im nächsten Frühling aus der Schule entlassen werden und eine Lehre beginnen. Aber es lässt sich kein Lehrmeister finden für den menschenscheuen Burschen mit seinem verschlossenen, abweisenden Gesicht.

Und doch hat auch er einen Freund. Das ist Rex, der Heimhund. Wenn Martin allein auf der Bank vor dem

Haus sitzt, während die andern auf der Wiese spielen, legt Rex sich neben ihn. Martins Hand fährt über seinen Kopf. Rex steht auf, drückt sich an ihn und wedelt mit dem Schwanz. Der Heimleiter beobachtet sie aus seinem Büro: »Hört mal her, ihr beiden! Lauft in den Wald, macht einen Spaziergang!« Rex versteht sofort. Er tanzt freudig bellend um Martin herum.
Dieser Wald! Er nimmt sie auf, einfach, fraglos, freundlich und treu. Sie atmen leichter. Sie bewegen sich frei wie in einem Haus, das ihnen allein gehört. Es geschieht, dass Martin sich laut seinem Freund mitteilt. Rex hebt lauschend den Kopf, als verstehe er alles. Sie wissen nicht, dass beide aufmerksam beobachtet werden.
Es ist im Advent. Sie bleiben vor den jungen Tannen stehen. »An Weihnachten wird eine als Christbaum in unserem Heim stehen. Welche könnte es sein?« Martin sieht neben einer prächtigen, jungen Tanne eine andere: kleiner, schief, verkrüppelt. »Das gibt es also auch hier. Diese kräftigen, gerade gewachsenen Tannen haben der schwächeren das Licht weggenommen. Jetzt ist sie verkümmert und taugt zu nichts mehr.« Heißer Zorn steigt in Martin auf. Er tritt mit dem Schuh wütend gegen die gesunde, gerade Tanne.
Rex beginnt zu bellen. Martin wendet sich um und sieht den Mann, der aus dem Tannendunkel kommt. »Suchst du dir einen Christbaum aus?« fragt er. Martin erkennt den Förster. Er ist als Freund der Heimeltern ab und zu im Kinderheim zu Gast.

Martin zeigt auf den krummen, kleinen Baum: »Der da taugt auf keinen Fall für einen Christbaum. Warum lässt man ihn überhaupt stehen, statt ihn ins Feuer zu werfen?«

»Ich bin auf dem Weg hinauf zum Bergwald«, sagt der Förster. »Falls du Lust hast, mich zu begleiten, telefoniere ich vorher mit der Heimleitung.« Martin war sofort einverstanden.

In der Berghütte: ein Bett, ein Tisch mit zwei Stühlen, ein Herd, ein Kasten und draußen die Bank. Martin fühlt sich wohl. Sie holen Wasser am nahen Bergbach und kochen Tee auf dem kleinen Herd. Sie essen ihr Mittagsmahl draußen auf der Bank aus dem Rucksack des Försters. Es riecht nach Holz. Ein Hauch von reinem Schnee weht von den Bergen her. Die stehen von der Sonne gekrönt im stillen Tag und schauen aus ferner Höhe zu ihnen herab. Ihre Größe bedrückt nicht.

»Wer hier oben wohnen könnte, müsste sich vorkommen wie ein König«, meint Martin.

Der Förster erzählt: »Ich ließ diese Hütte für meinen Gehilfen bauen. Aber der fühlte sich unglücklich. Er langweilte sich, klagte über die Einsamkeit. Ich verschaffte ihm Bücher, ein Radio, sogar einen Hund. Er hielt es nicht aus. Er ging und seitdem steht die Hütte leer.« Martin schaut gedankenvoll vor sich hin und schüttelt verständnislos den Kopf.

Von diesem Tag an ist Martin nicht mehr derselbe. Wenn er neben dem Hund auf der Bank vor dem

Haus sitzt, träumt er sich auf jene andere Bank vor der kleinen Hütte, hoch oben im Bergwald.
Am Tag vor Weihnachten wird sein Heimweh nach stillen Wäldern, weißem Schnee und einsamer Sonne groß, größer, allzu groß. Die Heimmutter sieht es nicht gern, wenn er allein und mit abwesendem Gesicht vor sich hinbrütet. Sie winkt ihn zu sich in die große Stube. Er soll ihr helfen, den Christbaum zu schmücken. Er gehorcht, doch ohne Begeisterung. Er denkt an die vielen Gäste, die für die Heimweihnacht erwartet werden. Widerwille steigt in ihm auf. Heimlich lässt er eine Kugel, dann eine Kerze samt Halter in seinen Taschen verschwinden. Später verschwindet auch er. In der Aufregung, in der Betriebsamkeit der Festvorbereitungen bemerkt es niemand. Rex hat den Heimvater ins Dorf begleitet.
Erst beim Nachtessen fällt sein leerer Platz auf. Aber da ist er schon weit, schon hoch oben vor der Hütte. Verloren in der stillen Dunkelheit zuckt die Flamme seiner Kerze. Er schrickt heftig zusammen. Die Tür der Hütte öffnet sich von innen. Der Förster steht vor ihm, doch der scheint nicht überrascht zu sein. Ja, es hört sich an, als habe er Martin erwartet: »Das freut mich, dass du die Weihnacht mit mir zusammen hier oben feiern willst. Warte! Bald kannst du eintreten.«
Martin setzt sich auf die Bank. Seine Hand, welche die Kerze hält, zittert. Wieder öffnet sich die Tür der Hütte. Ein warmer Schein sucht nach ihm, umfängt

RK05

ihn und zieht ihn ins Innere. Das Licht geht vom Bäumchen aus. Es streckt ihm die Äste entgegen, reich geschmückt mit Kerzen, Kugeln, Glöckchen und Silberfäden. Martin erkennt es sogleich, das krumme, verkrüppelte Tännchen.
»Es steht jetzt an seinem Platz«, beginnt der Förster. »Ich glaube, das wäre hier auch ein rechter Platz für dich. Du wirst im Frühling aus der Schule entlassen. Willst du mein neuer Gehilfe werden? Die Heimleitung wäre damit einverstanden. Ich brauche einen wie dich, der den Wald liebt, der Stille und Einsamkeit nicht fürchtet.«
Martin bringt kein Wort über die Lippen. Er schluckt, nickt und befestigt seine Kerze und seine Kugel an einem Ast des Bäumchens. So kann er sich abwenden und seine Tränen verbergen, Tränen der Freude.

# Der dunkle Engel

»Wenn ihr die Augen schließt, könnt ihr vielleicht den Engel sehen und aufs Papier malen«, meint die Lehrerin. Sie hat den Kindern die Weihnachtsgeschichte erzählt. Mit Begeisterung beginnen sie zu zeichnen.

Rita nimmt helle Farben. Ihr Gesicht ist froh. Auch Patrick hat die Augen geschlossen. Aber er sieht keinen Engel. Etwas Dunkles kommt auf ihn zu: ein graues Haus mit vergitterten Fenstern. Gestern ging er zusammen mit seinem großen Bruder am Gefängnis vorbei. »Wenn der Vater weiterhin so viel trinkt, sitzt er bestimmt eines Tages da drin«, sagte der Bruder.

Patrick fängt an zu malen. Er nimmt dunkle Farben: schwarz und grau. Rita neben ihm sieht es. »Puh!« macht sie: »Das ist doch kein Engel.«

Patrick schaut auf ihr Blatt. Er sieht die leuchtenden Farben ihres Engels. Er sieht auch ihr helles Gesicht. Da zerknüllt er sein Blatt und stopft es in die Hosentasche. »Willst du nochmals beginnen?« fragt die Lehrerin. Er schüttelt den Kopf.

Nach der Schule läuft Patrick allein zum Wald. Die Tannen sind dunkel und warten auf den ersten Schnee. »Der Wald passt zu meinem Engel«, denkt Patrick. Er zieht das zerknüllte Papier aus der Hosentasche und betrachtet den Engel.

»Puh!« hat Rita gesagt. Er wirft die Zeichnung fort. Dann horcht er auf. Kinderstimmen! Eine Schulklasse?

Er späht in den Wald hinein. Der Wald ist nicht mehr dunkel: Auf dem Ast einer Tanne brennt eine Kerze. Nur eine. Aber sie macht den dunklen Wald hell.

Patrick sieht eine Frau und eine Schar Kinder. Einer der Jungen hat ihn schon bemerkt. Er zeigt auf ihn. Patrick will schnell weglaufen. Aber der Junge winkt und ruft: »So komm doch und sei nicht feige!«

»Feige ist einer, der nicht mutig ist«, denkt Patrick. Er will mutig sein und nähert sich.

»Wir feiern Advent«, sagt die Frau. Die Kinder nennen sie Gabriela. Patrick schaut die Kerze an. Sie brennt sehr hell und warm. Sie wirft ihren Schein auf die Kinder, die ein Adventslied singen. Patrick kennt es von der Schule. Er singt mit. Gabriela nickt ihm freundlich zu. Er darf die Kerze ausblasen.

»Wo wohnst du?« fragt sie. Patrick zeigt mit dem Arm aus dem Wald hinaus. »Fein, dass du mit dabei warst!« Sie wendet sich an die Kinder: »Wir wandern durch den Wald zurück ins Kinderheim.« Patrick schleicht den Kindern nach.

Nach der Feier im Wald ist es im Heim besonders gemütlich. Die Kinder sitzen in kleinen Gruppen um ihre Tische. Gabriela teilt Zeichenblätter aus. Die Farbschachteln sind schon offen. Von der Decke hängt der Adventskranz. Die Wände sollen heute mit Zeichnungen geschmückt werden.

Rolf schaut aus dem Fenster und ruft: »Der fremde Bub ist wieder da.« Die Kinder drängen sich an den Fenstern zusammen.
»Wenn er will, darf er hereinkommen«, erlaubt Gabriela. Rolf ist schon bei der Tür. Hat nicht er ihn zuerst entdeckt? Schon vorher im Wald? Also darf auch er ihn hereinholen.
Ein Zeichenblatt und eine Farbschachtel sind auf dem Tisch bereit: für Patrick. Sein Platz ist neben Rolf. Der nickt ihm zu und ermuntert ihn: »Nur drauflos!«
Patrick besinnt sich eine Weile. Dann nimmt er dunkle Farben: Schwarz für den Himmel, Dunkelgrün für den Wald. In der Mitte lässt er einen freien Platz – für die Kerze. Sie muss strahlen, ganz hell. Dazu braucht er Gelb, Orange. Ein helles Grün für den Zweig, auf dem sie steht …
Auf einmal ist er von allen Kindern umringt. Gabriela hat sie herbeigerufen. Sie erklärt: »Weil Patrick den Wald so dunkel gemalt hat, leuchtet die Kerze besonders hell.«
Patrick spürt Wärme in sich. Er denkt: »Ich glaube, ich könnte jetzt einen Engel malen: hell wie die Kerze.«

# Die Weihnachtslaterne

Kurz vor acht Uhr wartet Simon beim Nachbarhaus auf Hassan. Sie haben denselben Schulweg. Er läutet. Niemand regt sich. Höchste Zeit! Simon rennt zur Schule.
Die Lehrerin sagt: »Ich weiß etwas Schönes für Weihnachten.«
»Ein Krippenspiel?«
»Eine Bastelarbeit als Geschenk?«
»Eine Waldweihnacht?«
Die Lehrerin lässt die Kinder raten, bis sie endlich still werden und ungeduldig auf Antwort warten: »Eine Weihnachtsfeier im Schulhaus! Freitagabend werden Lehrer und Eltern zusammen Laternen basteln für das Fest, wenn ihr im Bett liegt und von Weihnachten träumt.«
Die Kinder jubeln und klatschen in die Hände. Die Lehrerin gibt Simon einen Briefumschlag mit den Worten: »Hassan ist heute nicht da. Ich habe die Einladung für seine Eltern aufgeschrieben. Sei so nett und bring sie ihnen.«
Weiß die Lehrerin denn nicht, dass sie bei Hassan zu Hause das Weihnachtsfest nicht feiern?
Simon kommt mit seinem Vater ins Nachbarhaus. Sie bringen die Einladung der Lehrerin. Hassans Vater sagt: »Weihnachten ist ein Fest für die Reichen. Sie geben einander viele Geschenke. Wir sind arm.«

Seine Frau seufzt. Sie arbeitet in einem Lederwarengeschäft: Wäre doch Weihnachten schon vorbei! Niemand hat Zeit und Geduld, wenn sie etwas nicht versteht. Was meint Simons Vater dazu? Es sei um diese Zeit kalt und dunkel. Weihnachten bedeutete für ihn Wärme und Licht. Die Nachbarsleute schweigen und sinnen vor sich hin. Denken sie an die Dunkelheit und Kälte, wenn sie frühmorgens zur Arbeit gehen? Erinnern sie sich an den warmblauen Himmel über einem bunten Markt in ihrer Heimat?
Alle Eltern sind von der Lehrerschaft eingeladen, Laternen zu basteln. Licht für die Weihnachtsfeier in der Schule! Soll Hassan allein ohne Licht bleiben? überlegt sich sein Vater.
So kommt auch er am Freitagabend ins Schulzimmer. Sie beginnen mit dem Entwurf für die Laterne. Verstohlene Blicke auf die Zeichnungen der andern! Da eine Krippe. Dort ein Engel. Simons Vater versucht es mit einem Muster und nickt seinem Nachbarn aufmunternd zu. Da erinnert sich Hassans Vater an die prächtigen Moscheen mit ihren wundervollen Ornamenten. Er beginnt zu zeichnen und ist bald ganz versunken in seine Arbeit. So beachtet er es kaum, dass hin und wieder jemand hinter seinem Rücken steht.
Endlich hört er ein Geflüster: »Seht doch, wie schön!«
»Mir gefällt diese am besten.«
Da spürt er Wärme in sich.

# Blacky

Der Christbaum ist geschmückt. Die Geschenke liegen bereit: ein neues Etui, Farbstifte, ein Lesespiel und einige Bücher. Die Weihnachtsgeschenke für Stefan! Wenn er endlich da wäre, könnte man mit der Feier beginnen. Schon wird es leise dunkel – dunkel für den Schein der Kerzen am Heiligen Abend. Aber Stefan fehlt. Der Vater runzelt die Stirn. »Wo steckt er eigentlich noch so spät?« fragt er.

»Vielleicht auf dem Bauernhof – bei seinem Freund Andreas«, vermutet die Mutter. Sie tritt ins Kinderzimmer und deckt Stefans Bett ab. Ihr Blick fällt auf eine Zeichnung. Sie ist an der Wand befestigt, direkt über dem Kopfkissen und zeigt eine junge, schwarze Katze.

Die Mutter nimmt das Bild von der Wand. Auf der Rückseite liest sie: »Mien Weinachzwuntsch – Blacky!«

Die Mutter legt die Zeichnung still vor den Vater hin. Auch er liest den Weihnachtswunsch. Dabei schüttelt er den Kopf und bemerkt: »Immer diese Fehler!«

»Aber die Zeichnung!« wendet die Mutter ein.

Der Vater brummt: »Freilich! Nicht schlecht!«

Die Mutter erzählt: »Diese Woche habe ich mit dem Lehrer geredet. Stefan ist im Zeichnen einer der besten Schüler.«

»Im Zeichnen! Im Zeichnen! Und in Sprache und im Rechnen?« antwortet der Vater verärgert. Er blickt auf die Uhr. »Was soll das bedeuten? Am Heiligen Abend! Da sind wir als Kinder den ganzen Nachmittag im Haus geblieben. Wir freuten uns wochenlang auf ein kleines Geschenk. Aber unser Söhnchen ist sehr verwöhnt. Stefan gibt sich auch in der Schule zu wenig Mühe. Deshalb die schlechten Noten!«

Der Vater nimmt noch einmal die Zeichnung in die Hand. Die Mutter steht hinter ihm. Sie betrachten beide die junge schwarze Katze. Sie lesen nochmals: »Mien Weinachzwuntsch – Blacky!«

»Es ist nicht recht. Nein, es ist nicht recht«, denkt Stefan. Er steckt die kalten Fäuste in die Taschen seiner Jacke und stapft durch den Schnee auf den Bauernhof zu. Stefan begreift es nicht. Letzte Woche hat die Mutter mit ihm das Diktat eingeübt, immer wieder. Stefan wollte eine gute Note haben. Unbedingt! Wegen Vater! Wegen Blacky! Weil er sagte: »Streng dich ein bisschen an! Wenn dein letztes Diktat vor Weihnachten wieder schlecht ausfällt, dann schlag dir die Katze aus dem Kopf!« Hat Stefan sich nicht alle Mühe gegeben? Aber es hat nichts genutzt. Im Gegenteil! Als der Lehrer die Hefte austeilte, schwitzte Stefan vor Angst. »Jetzt kommt es darauf an«, dachte er und wurde immer aufgeregter. Stefan schrieb schnell, zu schnell. Das Diktat fiel schlecht aus wie immer.

»Es ist nicht recht«, murmelt Stefan vor sich hin. »Nein, es ist nicht recht!« ruft er laut in den stillen Winterabend hinein und stampft mit dem Fuß. »Erst

wenn sich deine Noten bessern, kommt die Katze ins Haus.« Wenn der Vater einmal etwas sagt, dann bleibt er dabei. Stefan weiß das zu gut.
Prinz bellt vor der Hundehütte. Seine Kette rasselt. »Still! Sei still!« spricht Stefan ihm zu. Er drückt sich in den Stall hinein. Drinnen ist es warm. Es riecht nach Tieren. Die Kuh Liese wendet ihm verwundert den Kopf zu und muht leise. Stefan kennt jedes Tier auf dem Hof beim Namen. Andreas, der Sohn des Bauern, ist sein Schulkamerad und bester Freund. Vor einigen Wochen entdeckten Stefan und Andreas die jungen Katzen im Heu. Mauz hatte sie auf dem Heuboden heimlich zur Welt gebracht. Am besten gefiel Stefan die schwarze. Andreas war sofort bereit, sie ihm zu schenken.
Stefan klettert die Leiter zum Heuboden hinauf. Ein wenig Licht fällt herein: der Schein von einer nahen Straßenlampe. Das Heu knistert. Mauz streckt sich und gähnt. Jetzt drückt die Katze die Augen zu und schnurrt, weil Stefan ihr über den Rücken streicht.
Blacky krabbelt im Heu herum. Stefan nimmt das Kätzchen an sich. Es drückt den kleinen Kopf an seine Brust und schnurrt auch.
»Blacky! Mein Blacky!« flüstert Stefan. »Ich bleibe jetzt eine Weile bei dir. Ja, wir feiern zusammen ein wenig Weihnachten, bevor ich heimgehe zum Christbaum und zu den Geschenken.«
Stefan murmelt sein Sprüchlein für die Weihnachtsfeier. Vater wünscht es von ihm. Das Gedicht hat er

in der Schule gelernt. Er kann es auswendig hersagen. Mauz schnurrt und maunzt einmal dazwischen. Blacky schnurrt auch, ganz fein und leise. Stefan seufzt: »Wenn der Vater vor mir steht, heute Abend beim Christbaum, und mich anschaut, kann ich es bestimmt nicht mehr wie jetzt.«

Draußen schlägt Prinz wieder an. Es ist ein frohes Bellen. Stefan kennt den Hund. Er erkennt auch die Stimme seines Freundes Andreas. Stefan zuckt zusammen. Andreas hat die Stalltür geöffnet. Vor der Leiter zum Heuboden steht Prinz und bellt und bellt.

Andreas ruft: »Mauz! Blacky! Wo seid ihr denn? Es ist Zeit für die Weihnacht in der Stube.« Schon steigt Andreas die Leiter zum Heuboden hinauf. Er schwingt eine Stalllaterne. Unten bellt Prinz immer lauter und wedelt mit dem Schwanz.

»Aber Stefan! Du bist hier? Ich rufe sofort deine Eltern an«, sagt die Mutter von Andreas. »Sicher haben sie Angst um dich. Am Heiligen Abend!«

Stefan darf in der Bauernstube warten. Am Christbaum sind schon die Kerzen angezündet. Die Krippe ist hell beleuchtet.

Stefan staunt. Er denkt: »Wir haben keine Krippe mit dem Jesuskind, keine Hirten mit Schafen und dazu keinen Prinz, keine Mauz und auch kein Blacky.« Die Stube ist voll von den Stimmen der Kinder. Hier und da bellt Prinz freudig dazwischen und wedelt mit dem Schwanz. Mauz und Blacky streichen Stefan um

die Beine und schnurren. Auf einmal beginnt Prinz aufgeregt zu bellen. Er wedelt nicht mehr mit dem Schwanz. Sie horchen auf. Unten an der Haustür läutet es. Die Kinder blicken auf Stefan. Er senkt den Kopf. Vater und Mutter sind da, sie wollen Stefan nach Hause holen.
»Schaut, das ist Blacky!« Stefan zeigt den Eltern die kleine Katze. Er kauert sich neben sie. Blacky drückt den Kopf an sein Knie und schnurrt. Andreas denkt: »Jetzt muss Stefan gehen und Blacky dalassen. Das Diktat ist schuld. Ich weiß es.« Andreas kann nicht mehr an sich halten. »Das blöde Diktat!« ruft er aus. Er blickt Stefans Vater verstohlen von der Seite an. »Ich mache ebenso viele Fehler wie Stefan. Aber da wir beide später Bauern werden wollen, sind die Fehler im Diktat für uns nicht das Wichtigste.«
Der Bauer schmunzelt. »Aber das Weihnachtsgedicht möchten wir trotzdem hören«, meint er. »Los, beide miteinander! Was der eine nicht weiß, weiß vielleicht der andere.«
»Eins, zwei, drei«, flüstert Andreas.
Sie beginnen. Manchmal stockt einer der beiden. Sie sehen sich an und kichern.
»Fangen wir noch einmal an!« schlägt Andreas vor. Beim zweiten Mal gelingt es schon besser. Der Bauer und die Bäuerin klatschen. Die Kinder klatschen. Stefan sieht Vater und Mutter an. Wahrhaftig! Sie klatschen auch. Aber jetzt stehen sie auf. Stefan beugt sich nochmals nieder zu seiner kleinen Katze und

streichelt sie. Blacky schnurrt. Da steht auf einmal der Vater nahe hinter ihnen.

»Die Zeichnung in deinem Zimmer habe ich gesehen. Sie ist dir gut geraten«, lobt er. Stefan blickt den Vater an. Die Augen des Buben strahlen.

»Schöner als die Lichter am Christbaum«, denkt seine Mutter.

Die Bäuerin sagt einfach: »Wenn Sie Blacky gleich mitnehmen wollen, hole ich den Deckelkorb.« Stefan wird rot, dann bleich. Was meint der Vater dazu? Der schaut die Mutter an und nickt.

# Manuel und der Nikolaus

Manuel hat zwei Schwestern:
Rita ist größer als er, Kati kleiner.
Rita spielt Flöte.
Kati lernt einen Spruch.
Für den Nikolaus-Abend!

Manuel will kein Gedicht lernen,
kein Lied singen.
Die Schwestern necken ihn:
»Du bekommst eine Rute.
Böse und faule Jungen steckt der Nikolaus
in seinen Sack.
Uns bringt er gute Sachen.
Vielleicht dürfen wir ihn sogar begleiten –
als seine Engel.«
Manuel wird zornig:
Er versteckt Ritas Flöte.
Die Mutter sagt:
»Wenn das der Nikolaus erfährt!«

Endlich ist der Nikolaus-Abend da.
Geheimnisvoll dämmert es.
Mit klopfenden Herzen

machen sich die Mädchen für den Besuch bereit.
Aber wo ist Manuel?

Der Hausmeister steigt zum Dachboden hinauf.
Er will einen Koffer und seinen Rucksack holen.
Was regt sich dort in der Kiste?
Manuel!
»Du allein hier oben?«
Der Hausmeister kennt Manuel und mag ihn gern.

Wenn der Herbstwind Blätter vor das Haus treibt,
hilft Manuel das Laub zusammenzufegen.
Im Winter schaufelt er mit ihm den Schnee weg.
Kürzlich hat er ihm bei einer dringenden Reparatur
das Werkzeug gereicht.
Auch jetzt packt er an
und trägt den Rucksack in die Wohnung.

Manuel möchte am liebsten bleiben.
Er denkt:
Einen Hausmeister besucht der Nikolaus nicht.
Aber brave Mädchen und böse Jungen!

Der Nikolaus-Abend dunkelt ein.
Im untersten Stock
schauen die Mädchen durchs Fenster
in die Winternacht hinaus.

Er kommt, der Nikolaus,
beladen mit einem schweren Sack.
In einer Hand hält er die Laterne,
mit der anderen schwingt er eine Glocke.

Schon ist er im Haus.
Man hört seinen Schritt auf der Treppe.
Warum geht er vorbei?

Der Nikolaus klopft an
bei der Hausmeisterwohnung,
läutet mit der Glocke.

Manuel zuckt zusammen,
will sich schnell, schnell
unter dem Tisch verstecken.
Zu spät!

Die Tür ist schon offen
und der Hausmeister winkt den Nikolaus
in die Wohnung herein.
Er zeigt auf Manuel und sagt:
»Das ist der Junge, der mir gerne hilft.«

Und jetzt die tiefe Stimme des Nikolaus:
»Stimmt! Das ist aufgeschrieben.
Hier in meinem dicken Buch.
Für ihn habe ich ein ganz besonderes Geschenk.«

Keine Rute?
Da steht Manuel mit rotem Gesicht.
Der Nikolaus gibt ihm
einen Kapuzenmantel,
Handschuhe,
Stiefel, prall gefüllt
mit Nüssen, Feigen, Mandarinen …
»Auch ich brauche einen Gehilfen,
der mir die Laterne hält,
die Glocke läutet,
den schweren Sack tragen und
die Sachen verteilen hilft.
Du scheinst mir dazu wie gemacht!
Deshalb habe ich dir den Kapuzenmantel,
die Handschuhe und Stiefel gebracht.
Kleide dich schnell um
und warte dann bei der Haustür!
Ich werde dich rufen.«

Der Nikolaus kommt zu Rita und Kati.
Die Mädchen haben die Zöpfe gelöst,
wollen aussehen wie Engel.

Der Nikolaus fragt mit donnernder Stimme:
»Wo ist euer Bruder?«
Rita und Kati sehen einander an.
Die Mutter antwortet:
»Wahrscheinlich hat er sich versteckt,
der Schlingel!«

Kati stellt sich vor den Nikolaus hin
und sagt ihr Sprüchlein auf.
Rita spielt auf der Flöte.
»Lieber Nikolaus,
dürfen wir dich als Engel begleiten?«

Warum macht der Nikolaus ein so ernstes Gesicht?
Und wo ist der Sack mit den guten Sachen?
Der Nikolaus schüttelt den Kopf.
»Euch Engel brauche ich nicht,
aber einen Gehilfen.
Den habe ich mir soeben ausgesucht.«
Er öffnet die Tür
und ruft mit lauter Stimme:
»Hallo, mein Gehilfe!
Bring den Sack herbei!
Er steht bei der Gartentür.«

Zwei Mädchen recken ihre Hälse,
sehen durch die Fensterscheiben einen Jungen
im Kapuzenmantel.
Das Licht der Straßenlampe beleuchtet sein Gesicht:
Manuel!

# Christrosen

Es ist Winter geworden, grau und kalt. Für Rut eine schlimme Zeit! Zur täglichen Hausarbeit kommt noch das Holzsammeln dazu.

Seit dem Tod der Mutter ist der Vater anders geworden, wortkarg und mürrisch. Nur einmal noch hat Rut wie früher die ärmliche Behausung mit Blumen und Kränzen festlich geschmückt. Dabei war sie allerdings mit der Zubereitung des Essens verspätet. Der Vater tadelte sie mit den Worten: »Solcher Firlefanz gehört in den Palast des Königs, aber nicht in die Hütten armer Hirten.« – »Blumenprinzessin!« fügte der Bruder spöttisch bei. Hat er ihre gemeinsamen Spiele vergessen? Damals beim Schafehüten? Als sie zusammen vom Dienst beim König schwärmten: er als tapferer Krieger, sie als Blumenmädchen und Tänzerin? Von da an verrichtet Rut ihre Arbeit schlecht gelaunt. Ein junges Mädchen allein mit seinen Wünschen und Träumen! Der Bruder hat es besser; er fühlt sich in der Gemeinschaft der Hirten als einer von ihnen, teilt ihren Kummer, auch ihre Hoffnung: Sie erwarten einen neuen König, der ihre Sorgen versteht, der ihnen in Armut und Not hilft. So sei es in alten Büchern aufgeschrieben und von weisen Männern verheißen.

Rut hat das Nachtessen zubereitet, auch das nötige Holz für ein Feuer zusammengetragen. Noch ist die

Öllampe nicht angezündet; das junge Mädchen liebt es, beim Eindunkeln eine Weile müßig zu sein. Wenn die ersten Sterne am Himmel erscheinen, träumt es sich in eine andere, schönere Welt. Hat Rut die Zeit vergessen? Oder ist ein Unglück geschehen? Da eilen sie früher als erwartet herbei: Vater und Bruder, aber auch die anderen Hirten. In ihrer Hast geben sie dem jungen Mädchen nur ungenügend Auskunft, raffen wie bei einer Flucht zusammen, was ihnen an Brauchbarem in die Hände gerät. Sogar das Holz bindet der Vater zusammen. »Hole für unser Feuer nochmals Holz und halte das Essen warm, bis wir zurückkommen!« ruft er.

Rut hat nur dies verstanden: Fremde in einer der verlassenen Grotten – kein Essen, kein Feuer – ein kleines Kind, das sterben könnte in solcher Armut, die größer sei als die eigene …

Rut greift sich verwirrt an den Kopf. Dann steigt Trotz in ihr auf: »Auch ich möchte sie sehen, das Kind und seine Mutter. Auch ich möchte ihnen etwas bringen.« Sie denkt zuerst an ihre Decke, aber die ist schon weg. »Sie haben sie mir genommen, einfach genommen!« klagt Rut und stampft auf vor Zorn. Die große Decke auf dem Lager der Männer ist zu schwer. Rut beginnt zu weinen. Durch ihre Tränen hindurch sieht sie den großen Stern, der am Himmel strahlend aufgegangen ist. »Eine helle Nacht!« tröstet sich das Mädchen. »Warum nicht ein wenig Holz zusammensuchen? Holz für ein warmes Feuer beim Kind! Holz ist im

Winter immer willkommen.« Sie nimmt ihren Korb, geht damit ins Freie und glaubt, der herrliche Stern blinzle ihr vertraulich zu. Sie spürt eine neue Freude, während sie sich immer wieder bückt im Gehölz. Selbstvergessen summt sie vor sich hin. Da – ein Wunder? Sie glaubt zu träumen: Blumen! Blumen mitten im Winter!

Rut hat später als die anderen die Grotte gefunden. Sie versteckt sich im nahen Gebüsch und wartet, bis die letzten Hirten gegangen sind. Endlich wagt sie sich vor den Eingang: Da steht sie schüchtern mit ihrem Korb und sieht die Frau mit dem kleinen Kind im Schoß. Schon kommt der Mann dem jungen Mädchen entgegen und führt es freundlich am Arm ins Innere der Höhle. Rut bemerkt ihre Decke auf dem Bettchen des Kindes. »Meine Decke! Ich erkenne sie am Flicken«, möchte Rut sagen. Aber dann sagt sie es doch nicht, denn sie sieht das Kind und vergisst alles andere.

»Wünsch Glück!« Mehr bringt sie nicht heraus, hält einfach ihren Korb hin. Die Frau beugt sich darüber und jubelt auf: »Blumen! Blumen haben mir gefehlt!« Der Mann nickt und meint: »Die Hirten haben uns das Allernötigste gebracht. Sie sind arme Leute wie wir.« Aber die Frau wiederholt immer wieder entzückt: »Du bringst mir Blumen, Blumen mitten im Winter.« Mit dem einen Arm hält sie ihr Kind, mit der freien Hand holt sie sorgsam die Blumen aus dem Korb. Das Kind greift in die Blüten. Dabei fallen ein paar Blätter zu

Boden. Rut nimmt sie auf und wirft sie in die Luft, um das Kind zu erheitern. Da jauchzt es auf und schlägt die kleinen Hände begeistert zusammen.
Mit dem leeren Korb will Rut sich auf den Heimweg machen. Vor der Grotte erwartet sie ihr Bruder. »Ich muss noch Holz für das Feuer daheim zusammentragen«, erinnert sie sich und ist über seine Antwort erstaunt: »Ich will dir dabei helfen. Weißt du auch, dass dieses Kind der verheißene König ist? So wurde es von Engeln verkündet. Und stell dir vor: Wir waren die Ersten bei ihm!« Über ihnen strahlt der wunderbare Stern.

# *Weihnachten allein?*

Die Tür des Aufzuges öffnet sich im siebten Stock der Klinik. Katrin atmet auf: Er ist leer. So rasch wie möglich hinein und auf den grünen Knopf drücken: Lifttür zu! Aber da kommt Frau Berger auf Krücken heran. Katrin seufzt: Druck auf den roten Knopf: Die Lifttür öffnet sich wieder. Dankbares Lächeln. Der Lift fährt nach unten. Die Zahl Sechs leuchtet auf. Wieder öffnet sich die Tür. Ein Rollstuhl! Also nochmals roten Knopf drücken – es dauert lange, bis der Rollstuhl hereingeschoben ist.

Fahrt – Zahl Fünf – Tür auf – eine Krankenschwester mit dem Wagen voll Wäsche … Nächstes Mal gehe ich zu Fuß alle Stufen hinunter, auch wenn es schmerzt, denkt Katrin.

In der Eingangshalle ruft jemand ihren Namen. Sie wendet sich nicht um, strebt zum Ausgang. So rasch wie möglich hinaus aus dieser kranken Luft. Vom runden Tisch der Cafeteria schauen ihr die anderen Patienten nach. Sie reden über Katrin, die Jüngste hier.

»Seit ihr Freund sie am Sonntag besuchte, ist sie wie umgewandelt.«

»Letzte Woche war sie noch so freundlich und hilfsbereit!«

»Sie hat mich im Rollstuhl jeden Tag vom Speisesaal zum Lift geschoben.«

»Und mir hat sie nach dem Essen die Stöcke vom Boden aufgehoben und mit einem Lächeln in die Hände gegeben.«

Frau Berger nickt gedankenvoll: »Sie spricht auch am Tisch kaum mehr ein Wort.«

»Und ihre Eltern, wo sind die?«

»Dieser Freund«, der alte Mann hüstelt, »hat uns wie Luft behandelt. Gut aussehend, aber hochmütig.«

Im Papierkorb liegt Jochens Weihnachtskarte. Katrin hat sie in viele kleine Fetzen zerrissen: »Ich habe Gelegenheit, mit Freunden über die Feiertage Skiferien zu machen. Du musst mich verstehen. Im Januar werde ich dich wieder besuchen. Frohe Weihnachten!«

Katrin hat sich auf ihr Bett geworfen und stiert an die Decke. »Frohe Weihnachten! Dass ich nicht lache!« sagt sie halblaut und überlässt sich zornigen Gedanken, die gleich dunklen, eingesperrten Vögeln erwacht sind und an die Wände schlagen. »Schäbig von dir, Jochen, mich hier allein zu lassen! Schließlich verdanke ich meinen verletzten Fuß dir. Ich setzte mich hinter dich auf dein Motorrad. Ich weiß noch gut, wie ich mich krampfhaft an dir festhielt. Ich hatte Angst. Die Straße war steil. Wir stürzten. Du kamst heil davon. Ich blieb liegen. Du wolltest mir auf die Beine helfen. Ungeduldig. Es gelang nicht. Du fluchtest. Ich hatte irrsinnige Schmerzen. Ein Autofahrer hielt an und besorgte alles weitere: Polizei – Krankenhaus.

Der Fuß ist noch immer nicht geheilt. Deshalb die Kur hier in der Klinik! Und du gehst in die Skiferien und wünschst mir noch frohe Weihnachten.«

Am Vorweihnachtstag möchte Katrin am liebsten allein sein, doch sie rafft sich auf zum Mittagessen im Speisesaal.

Ausgerechnet Frau Berger ist es, die sich an Stöcken mühsam zum Aufzug schleppt. Die Tür ist noch offen. »Katrin!« ruft sie erfreut. Als habe sie niemanden gesehen und nichts gehört, lässt Katrin die Lifttür zufallen und fährt allein nach unten.

Am Tisch im Speisesaal will das Gespräch nicht in Gang kommen. Noch immer fehlt Frau Berger. Sie müsste längst da sein.

Eine Schwester räumt schweigend das Gedeck weg. Jemand fragt: »Ist Frau Berger von ihren Verwandten schon zur Weihnachtsfeier abgeholt worden?«

Die Schwester schüttelt den Kopf und sagt: »Daraus wird auch dieses Jahr nichts. Sie ist soeben vor dem Lift unglücklich gefallen. Wenn die ganze Geschichte nur nicht von vorn beginnt, wieder eine Operation …«

»Und sie hat sich so sehr auf ihre Entlassung gefreut! Auf die Weihnachtsfeier mit ihrem kleinen Neffen.«

In der Cafeteria hört Katrin, dass Frau Berger nach den Feiertagen wieder ins Krankenhaus muss. »Darf man sie besuchen?« fragt sie zaghaft.

Beim Schalter für die Auskunft steht ein Junge. »Ich muss unbedingt rasch zu meiner Tante, um ihr etwas zu bringen: Frau Berger.«

706 - 710
700 - 705
LIFT
705
RK03

Katrin geht zum Schalter und sagt: »Ich möchte ihm den Weg zeigen.« Die Sekretärin nickt. Der Junge läuft hinter Katrin her. Er trägt ein Paket, hält es mit Händen und Augen fest: Weihnachtspapier, ein Strohstern, Goldschnur!
Der Junge hat das Geschenk für seine Tante ausgepackt. Er ist bereit, sein auswendig gelerntes Weihnachtsgedicht herzusagen. Da aber niemand ihn dazu auffordert, lässt er es gern bleiben. Erleichtert geht er wieder, weil er sich auf das Fest zu Hause freut.
Der Weihnachtsabend naht. Frau Berger und Katrin sind allein.
Allein?
Frau Berger sagt: »Wir haben einen Freund, der uns nie verlässt.« Katrin sieht ihr überrascht ins Gesicht. »Heute ist der Tag seiner Geburt«, sagt Frau Berger. »Weihnachten!«

# Großvaters Weihnachtswunsch

»Du hast keine Ahnung, wie sehr Florian enttäuscht ist, weil ich morgen nicht ins Lager mitfahren darf.« Jasmin wirbelt den Geschirrlappen in immer wilderen Kreisen vor dem Gesicht ihrer Mutter herum.
»Hör endlich auf!« ruft die aus und stößt das Mädchen abwehrend von sich weg.
»Alles deine Schuld! Du hättest mich schon morgen loswerden können«, gibt Jasmin zurück.
»Großvater hat es verdient, dass du seinetwegen auf ein paar Skiferientage verzichtest. Es bleibt dir die Sportwoche.«
Aber Jasmin hört nicht hin. Das Mädchen schlägt den Lappen gegen die Scheibe des Küchenfensters und rebelliert: »Schau dir dieses prächtige Wetter an! Das halte ich nicht aus. Ich werde mich vor Großvater nicht beherrschen können. Du wirst etwas erleben. Alles deine Schuld!«
Der Vater steht kopfschüttelnd in der Tür, streckt Jasmin einen Geldschein entgegen und sagt beschwichtigend: »Hinaus mit dir in Sonne und Schnee! Sonst gibt es noch Streit zwischen Mutter und Tochter am Heiligen Abend.«

Jasmin wirft den Lappen auf den Tisch. »Wenigstens du hast ein Herz für mich. Freilich ist es kein Ersatz für das Skilager. Dann also auf zum Minihügel!«
Jasmin fährt mit dem Skilift inmitten fröhlicher Skifahrer missmutig den Hang hinauf.
»Was für ein Idiotenhügel unter solch blendender Sonne«, ärgert sie sich. Oben beim Wäldchen macht sie sich rasch zur Abfahrt bereit. Über ihr ragen die Tannen hoch und still in einen klaren Himmel. Ohne anzuhalten saust Jasmin in eleganten Wendungen die Piste hinunter und wird beim Skilift von bewundernden Blicken empfangen. Ein kleines Mädchen arbeitet sich unbeholfen durch den Schnee von seinen Eltern weg.
»Du kannst es am besten«, schmeichelt es. »Darf ich einmal mit dir zusammen Skilift fahren? Bis jetzt bin ich jedes Mal hinausgepurzelt.«
Es gelingt Jasmin, das Mädchen neben sich bis oben im Gleichgewicht zu halten. Seine Begeisterung ist groß. »Ich fahre dir nach«, meint es und stürzt. Jasmin hilft dem Kind mit freundlichem Zureden wieder auf die Beine.
Unten sieht sie plötzlich Florian neben sich. »Ich will mich heute noch ein bisschen einfahren für die Skiferien«, sagt er und lobt: »Du machst dich als Skilehrerin nicht schlecht, wie ich sehe. Wann rückt der Spielverderber an?« Dabei merkt er nicht, wie sich ein älterer Herr der kleinen Gruppe nähert.
»Sehe ich recht?« ruft Jasmin erstaunt aus. »Großvater ist schon da.«

Florian will sich unauffällig entfernen. Aber Jasmin hält ihn mit ihren Worten zurück: »Das ist Florian, mein bester Schulfreund – mein Großvater.« Florian fühlt sich geehrt und spürt auf einmal den Wunsch, einen guten Eindruck zu machen.

Das kleine Mädchen schmiegt sich an Jasmin. »Bitte noch einmal«, bettelt es.

»Also rasch den Hang hinauf! Damit ich deine Künste im Skisport bewundern kann«, muntert der Großvater Jasmin auf.

Florian bleibt bei ihm stehen und sagt: »Schade, dass Jasmin morgen nicht mit uns ins Skilager fahren darf. Ich mag sie von allen Mädchen unserer Klasse am besten.«

Jasmin kehrt mit dem Großvater heim. Die Eltern atmen auf. Sie streicht entzückt über die neue Skijacke, das Weihnachtsgeschenk des Großvaters. Der lächelt.

»Wenn wir dir nur auch einmal einen Wunsch erfüllen könnten«, meint die Mutter.

»Den hab ich!« erwidert er. Sie horchen erstaunt auf. »Ich wünsche – ja, ich hoffe sehr, dass man mir diesen Wunsch auch wirklich erfüllt – also, ich wünsche mir …«

»Das ist ungeheuer spannend«, unterbricht ihn der Vater belustigt.

Großvater räuspert sich und sagt endlich feierlich: »Ich wünsche mir, dass man meine Enkelin morgen mit ihrer Klasse in die Skiferien entlässt.«

Vater und Mutter blicken einander an. »Woher weißt du? Von Jasmin?«

Und der Großvater: »Nicht Jasmin, aber vielleicht haben Sonne und Schnee es mir verraten.«

Jasmin kann vor Aufregung nicht einschlafen und beginnt, leise und froh ihren Rucksack zu packen. Dann horcht sie auf. Eine Tür öffnet und schließt sich nebenan. Großvater? Sie guckt zwischen den Vorhängen auf die Straße. Sie hat richtig vermutet: Großvater verlässt allein das Haus. Jasmin hört das Glockengeläut der Kirche: Großvaters Weihnacht!

»Vor Jahren hat er mich zur Krippe in der Kirche mitgenommen. Und wenn ich ihm jetzt nachgehe? Er würde sich bestimmt freuen.«

**Bibliografische Information Der Deutschen Bibliothek**

Die Deutsche Bibliothek verzeichnet diese Publikation in der Deutschen Nationalbibliografie; detaillierte bibliografische Daten sind im Internet über http://dnb.ddb.de abrufbar.


Lektorat: Cordula Janusch
Umschlaggestaltung: Elisabeth von der Heiden, Geldern
Satz: Schröder Media, Dernbach


ISBN 3-7840-3332-6